Ulrike Beilharz

Partyminis aus dem Glas

Süß und pikant

Gut vorzubereiten!

Inhalt

Vorwort   8
Welches Glas ist geeignet?   7

Die Rezepte

Süß mit feinen Früchten   10

Süß und edel gewürzt   38

Brillant pikant   64

Rezeptregister   90
Impressum   93

Welches Glas ist geeignet?

Likörgläser und -kelche

Aquavitgläser   Sektkelche und -schalen

Einmachgläschen   ca. 50–120 ml   Schnapsgläser

kleine Bechergläser   Grappagläser

Stamper   Fingerfoodschälchen

und alles, was Ihnen gefällt

Liebe Leserin, lieber Leser,

dies ist mein erstes Kochbuch und es erstand aus der Begeisterung meiner Gäste heraus.

Ich liebe es, Gäste zu haben und sie zu verwöhnen. Mein Ziel ist, dass alle sich wohlfühlen und Freude an meinem kulinarischen Angebot haben. Dabei haben sich die kleinen Partyminis immer wieder bewährt.

Möchte doch jeder gerne von allen Speisen probieren, ohne sich gleich zu überessen. Um dies den Gästen zu ermöglichen, braucht es bei einer größeren Auswahl an Speisen kleine Portionen. Ich bereite von jeder Speise pro Person ein Gläschen zu, so kann jeder Gast von allem probieren. Bleibt etwas übrig, dann freut sich halt noch die Nachbarschaft.

So begann ich mit meinen Partygläschen und stellte mit der Zeit immer mehr Vorteile dieser Speisenzubereitung fest. Zum Beispiel habe ich bei meiner letzten Geburtstagsparty mit 20 Personen die Vorspeisen-Gläschen mit in den Tischschmuck eingebunden und so eine unglaublich effektvolle Deko erhalten. Der Anblick der kleinen Köstlichkeiten ist schon ein Genuss.

Noch ein Vorteil ist die gute Vorbereitung. Die meisten Speisen können am Tag vorher zubereitet werden und sind schon aus diesem Grunde sehr gut für eine größere Gesellschaft geeignet. So bleibt die Feier stressfrei und ich kann mehr Zeit mit meinen Gästen verbringen.

Ob Gartenparty, Stehempfang, Kaffeeklatsch oder Kinderfest: Die Speisen im kleinen Glas sind immer etwas Besonderes und überraschen jeden Gast.

Alle Speisen sind für kleine Gläschen mit ca. 50 bis 120 ml Inhalt gedacht. Größere Gläser müssen ja nicht bis zum Rand gefüllt werden. Am liebsten mag ich es, wenn die bunten Partyminis in verschiedenen Glasformen angeboten werden. Es sollten klare, ungefärbte Gläser sein. Ich schaue auch gerne auf Flohmärkten danach. Wenn Sie einen Ausweis für den Großhandel haben, können Sie auch in Läden für Gastronomiebedarf stöbern.

Karamellisierte Calvados-Äpfel

Duett aus Him- und Brombeeren

Limettencreme

Rote Grütze mit Perlsago

Tante Traudls Malakoffcreme

Hagebutten-Pavlova

Karamellbananen

Kokosschaum mit gebackener Ananas

Mangomousse

Süß mit feinen Früchten

Orangenschmand mit Cointreau

Vanillecreme mit Erdbeeren

Kirschtörtchen

Apfel-Tiramisu

Karamellisierte Calvados-Äpfel mit Zimthaube

Für 8 bis 10 Gläschen

FÜR DIE ÄPFEL

3 mittelgroße bis große Äpfel (Delicious, siehe Tipp)
1 EL Butter
40 g Zucker
½ TL Vanillepulver (gemahlene Vanille)
6 cl Calvados

FÜR DIE HAUBE

150 g Mascarpone
200 g Schmand
60 g Zucker
2 TL Zimt

FÜR DIE DEKO

kleine Äpfelchen (Babyäpfel) aus der Dose

1. Die Äpfel in kleine Stücke schneiden. Die Butter in einem Topf flüssig werden lassen, Zucker und Vanillepulver unterrühren. Die Apfelstückchen hinzufügen und unter ständigem Rühren in der Butter-Zucker-Mischung karamellisieren lassen. Mit dem Calvados ablöschen und 10 Minuten ohne Deckel leicht köcheln lassen. Die Flüssigkeit sollte fast verdampft sein und die Äpfel weich, aber nicht breiig. In eine Schüssel geben und erkalten lassen.

2. Mascarpone, Schmand und Zucker mit dem Handrührgerät aufschlagen und den Zimt untermischen.

3. Zuerst Zimtcreme, dann Äpfel, dann wieder Zimtcreme, Äpfel und zuletzt die restliche Zimtcreme schichtweise in die Gläser füllen. Jeweils mit einem kleinen Äpfelchen aus der Dose dekorieren (frische Apfelspalten werden braun, sie sind daher für die Deko nicht gut geeignet).

SCHWIERIGKEITSGRAD einfach
ZEITAUFWAND geht schnell (ohne Abkühlzeit)
VORBEREITUNG gut, die Äpfel können am Vortag zubereitet werden

Tipp

Ich nehme Delicious-Äpfel, weil diese nach dem Schälen nicht braun werden und nicht so schnell verkochen.

Duett aus Him- und Brombeeren

Für 6 bis 8 Gläschen

FÜR DIE HIMBEERSAHNE
2 Blatt Gelatine
250 g Himbeeren (frisch oder gefroren)
2 EL Zucker
250 g Sahne
125 g Naturjoghurt, 3,5 % Fettgehalt
1 Päckchen Vanillezucker
20 g Zucker

FÜR DIE BROMBEERSCHICHT
125 g Brombeeren
1 EL Zucker

FÜR DIE DEKO
frische Beeren
Zitronenmelisse

1. Die Gelatine in kaltem Wasser 5–10 Minuten einweichen. Die Himbeeren mit 2 EL Zucker pürieren und durch ein Sieb passieren. Die ausgedrückten Gelatineblätter mit 2 EL vom Himbeerpüree erwärmen und auflösen, dann mit dem restlichen Himbeerpüree gut verrühren. Zur Seite stellen.

2. Die Brombeeren mit dem Zucker pürieren und durch ein Sieb streichen. Zur Seite stellen.

3. Die Sahne steif schlagen. Den Joghurt mit Vanillezucker und Zucker glatt rühren. Die Himbeermasse mit dem Joghurt mischen und vorsichtig mit einem Schneebesen unter die geschlagene Sahne ziehen.

4. Sobald die Himbeersahne etwas fester geworden ist, schichtweise Himbeersahne, Brombeerpüree, Himbeersahne, Brombeerpüree und zuletzt die restliche Himbeersahne in die Gläser füllen. Mindestens 2 Stunden kalt stellen. Mit frischen Beeren und einem Blättchen Zitronenmelisse dekorieren.

SCHWIERIGKEITSGRAD ganz einfach
ZEITAUFWAND ca. 1 Stunde, Kühlzeit mindestens 2 Stunden
VORBEREITUNG geht schnell, wenn Sie das Fruchtpüree vorbereitet haben

Limettencreme

Ein frisches, sommerliches und leichtes Dessert.

Für 6 bis 8 Gläschen

FÜR DIE CREME
- 3 Blatt Gelatine
- 2 Bio-Limetten (Abrieb und Saft)
- 200 g Naturjoghurt
- 120 g Zucker
- 250 g Sahne

FÜR DIE DEKO
- Erdbeeren
- Melisseblättchen
- evtl. getrocknete Limettenscheibe

1. Die Gelatine 5–10 Minuten in kaltem Wasser einweichen. Die Limetten mit heißem Wasser abbürsten, abtrocknen und die Schale abreiben. Dann die Früchte auspressen.
2. Den Joghurt mit dem Zucker verrühren, den Limettenabrieb dazugeben.
3. Den Limettensaft erhitzen und die ausgedrückten Gelatineblätter darin auflösen. 2 EL Joghurt in die aufgelöste Gelatine rühren, dann die Gelatine zum restlichen Joghurt geben und gut verrühren.
4. Die Sahne steif schlagen. Sobald der Limettenjoghurt anfängt fest zu werden, die geschlagene Sahne unterheben. Die Creme in Gläschen füllen und dekorieren.

SCHWIERIGKEITSGRAD einfach
ZEITAUFWAND geht schnell
VORBEREITUNG gut, kann einen Tag vorher zubereitet werden

Tipp

Dazu passen sehr gut in Zucker und Vanillezucker marinierte Erdbeeren. Wenn keine Kinder dabei sind, mische ich auch gerne etwas Cointreau darunter.

Rote Grütze mit Perlsago

Gewöhnlich wird Rote Grütze mit Speisestärke gekocht. Mit Perlsago hat sie jedoch eine schönere Konsistenz und schmeckt nicht nach Stärke.

Für 15 bis 20 Gläschen

FÜR DIE GRÜTZE
1 kg TK-Beerenobst
250 ml Kirschsaft
80 g Zucker
70 g Perlsago
1 EL Zitronensaft
2 EL Himbeergeist
250 g Sahne

FÜR DIE DEKO
Melisseblättchen
evtl. Johannisbeerrispen

1. Die gefrorenen Beeren mit Kirschsaft und Zucker kurz aufkochen. Alles in ein Sieb geben und den Saft auffangen.
2. Den Saft in einen Topf geben, aufkochen und das Sago unter Rühren einrieseln lassen. Im geschlossenen Topf bei schwacher Hitze ca. 20 Minuten ausquellen lassen. Dabei immer wieder umrühren. Wenn die Sagokörnchen glasig sind und kein weißer Kern mehr zu sehen ist, Beeren, Zitronensaft und Himbeergeist hinzugeben und alles gut umrühren.
3. Die rote Grütze in die Gläser geben und kalt stellen. Nach Belieben mit einer Rispe Johannisbeeren dekorieren. Die flüssige Sahne in einem Kännchen servieren.

SCHWIERIGKEITSGRAD einfach
ZEITAUFWAND ca. 45 Minuten plus Kühlzeit
VORBEREITUNG gut, kann einen Tag vorher zubereitet und in die Gläser gefüllt werden

Tipp

Johannisbeerrispen zur Deko sehen besonders schön aus, wenn sie kurz durch Eiweiß gezogen und sofort in normalen Haushaltszucker getaucht werden. So bekommen die Beeren einen feinen Zuckerüberzug.

Tante Traudls Malakoffcreme

Dieses Rezept habe ich vor mehr als 50 Jahren von der Mutter einer Schulfreundin bekommen. Ich koche meine Aprikosenmarmelade immer selbst und nehme dafür Marillen aus der Wachau in Niederösterreich. Keine andere Aprikose schmeckt so intensiv und ist so saftig wie die Marille aus der Wachau. Sie bekommen Sie von Mitte bis Ende Juli in guten Obstläden.

Ca. 10 Gläschen

FÜR DEN BISKUIT
2 Eiweiß, Größe M
4 Eigelb, Größe M
100 g Zucker
40 g Mehl
10 g Speisestärke
ca. 200 g Aprikosenmarmelade (½ Glas)

FÜR DIE CREME
250 g Sahne
4 Eigelb, Größe M
¼ TL Vanillepulver (gemahlene Vanille)
90 g Zucker
4 EL brauner Rum

FÜR DIE DEKO
gehackte Pistazien

1. Den Backofen auf 200 °C vorheizen. Für den Biskuit Eiweiß steif schlagen und zur Seite stellen. Eigelb mit Zucker schaumig rühren, bis sich der Zucker aufgelöst hat. Den Eischnee mit einem Schneebesen vorsichtig unterheben.

2. Das Mehl mit der Speisestärke vermischen, auf die Eimasse sieben und vorsichtig unterheben (nicht rühren!). Den Teig auf ein mit Backpapier belegtes Backblech ungefähr 2 cm dick streichen (ergibt je nach Blechgröße ein halbes Blech) und im vorgeheizten Backofen ca. 10 Minuten backen, erkalten lassen, dann mit der Marmelade bestreichen.

3. Für die Creme die Sahne steif schlagen und zur Seite stellen. Eigelb, Vanillepulver und Zucker schaumig schlagen, bis sich der Zucker aufgelöst hat. Den Rum kurz unterrühren und dann die Sahne mit dem Schneebesen unterheben.

4. Mit dem Partyglas ca. 20 Kreise aus dem mit Marmelade bestrichenen Biskuitboden stechen. Die Gläschen schichtweise mit Creme, Biskuit, Creme, Biskuit und zuletzt wieder mit Creme füllen. Im Kühlschrank über Nacht durchziehen lassen. Vor dem Servieren nach Belieben verzieren, zum Beispiel mit gehackten Pistazien.

SCHWIERIGKEITSGRAD mittel
ZEITAUFWAND geht schnell
VORBEREITUNG sehr gut, mindestens einen Tag vorher

Hagebutten-Pavlova

Hagebutten-Desserts gibt es selten. Ich finde, dass der herb-säuerliche Geschmack der Hagebutte wunderbar zu der süßen Baisersahne passt. Es lohnt sich, diese Nachspeise auszuprobieren.

Für 12 bis 15 Gläschen

FÜR DAS BAISER
1 Eiweiß, Größe M
50 g Zucker
½ Päckchen Zitronenzucker (z.B. von Ruf)
20 g Puderzucker
5 g Speisestärke

FÜR DIE SAHNE
300 g Hagebuttenmark (Bioladen, Reformhaus)
30 g Rosenwasser (Apotheke, Bioladen, gut sortierter Supermarkt)
70 g Zucker
½ TL Vanillepulver (gemahlene Vanille)
300 g Sahne

FÜR DIE DEKO
Zitronenmelisse

1 Für das Baiser das Eiweiß sehr steif schlagen. Zucker und Zitronenzucker langsam einrieseln lassen und 2 Minuten weiterschlagen. Puderzucker und Speisestärke mischen, auf den Eischnee sieben und vorsichtig unterheben.

2 Die Baisermasse ca. 2–3 cm dick auf ein mit Backpapier belegtes Blech streichen (das ergibt ungefähr ¼ Blech). Im Backofen bei 120 °C Heißluft 2 ½ Stunden backen (es ist eher ein Trocknen, daher muss der Ofen auch nicht vorgeheizt werden). Dabei immer mal wieder die Backofentür kurz öffnen, damit die Feuchtigkeit entweichen kann. Wenn die Baisermasse gut getrocknet ist, aus den Backofen nehmen und erkalten lassen.

3 Hagebuttenmark, Rosenwasser, Zucker und Vanille 5 Minuten unter ständigem Rühren köcheln. In eine Schüssel geben und erkalten lassen.

4 Das Baiser klein hacken. Die Sahne steif schlagen und die Baiserstückchen (einige Stücke für die Deko zurücklegen) vorsichtig untermischen. Das Baiser sollte dabei stückig bleiben.

5 Etwas Baiser-Sahne-Masse in die Gläschen geben und je 2 TL von dem erkalteten Hagebuttenmark darüber träufeln. Darauf die restliche Baiser-Sahne und das restliche Hagebuttenmark geben. Mit Baiserstückchen bestreuen.

SCHWIERIGKEITSGRAD mittel
ZEITAUFWAND geht schnell, wenn das Baiser vorher gebacken wurde
VORBEREITUNG Die Gläser dürfen erst kurz vor dem Verzehr gefüllt werden, da sich das Baiser bei längerem Stehen in der Sahne auflöst.

Tipp

Das Baiser kann gut auf Vorrat gebacken und in einer Dose aufbewahrt werden.

Karamellbananen

Für 8 bis 10 Gläschen

FÜR DIE KARAMELLCREME
400 g gezuckerte Kondensmilch (z.B. von Milchmädchen)
50 g Mascarpone
2 TL Sofort-Gelatine (z.B. von Ruf oder Dr. Oetker)
250 g Sahne

FÜR DIE BANANEN
5–6 Stück Baby-Bananen
flüssige, fertige Karamellsoße (z.B. Caramello von Fabbri)

FÜR DIE DEKO
evtl. Karamellbonbons
evtl. Bananenchips

1. Die Dose Kondensmilch ca. 2 ½ bis 3 Stunden in einem Topf mit Wasser bedeckt köcheln. Aus dem Topf nehmen und in der geschlossenen Dose erkalten lassen. Am besten einen Tag vor Gebrauch kochen.
2. Die Sahne steif schlagen. Die Dose mit der erkalteten Kondensmilch öffnen. Es ist eine cremige Karamellmasse entstanden. Die Karamellmasse in eine Schüssel geben und mit Mascarpone und Sofort-Gelatine zu einer glatten Creme verrühren. Die Sahne unterheben.
3. Die Bananen in Scheibchen schneiden. Etwas Karamellcreme in die Gläschen füllen, Bananenscheiben rundum hochkant an die Glaswand drücken – damit sie halten, werden sie etwas in die Karamellcreme gedrückt. 2 TL von der flüssigen Karamellsoße darüber geben. Mit etwas Creme auffüllen und zum Schluss Bananenscheiben an den inneren Glasrand drücken, mit 2 TL flüssiger Karamellsoße beträufeln und mit der restlichen Karamellcreme auffüllen.
4. Zur Deko Stücke von Karamellbonbons und Bananenchips auf die Gläser geben. Sie können die Karamellbonbons auch mahlen und im Backofen zerlaufen lassen. Oder Sie machen das Karamell selbst: 100 g Zucker mit etwas Wasser in einer Pfanne langsam schmelzen lassen, dabei nicht umrühren, bis der Zucker geschmolzen ist. Wenn das Karamell eine hellbraune Farbe hat, sofort auf einen mit Öl bepinselten Teller gießen und erkalten lassen. Vorsicht: Karamell ist sehr heiß!

SCHWIERIGKEITSGRAD mittel
ZEITAUFWAND geht schnell, wenn die Kondensmilch vorher gekocht wird
VORBEREITUNG gut, sollte ein paar Stunden im Kühlschrank durchziehen. Die Kondensmilch einen Tag vorher kochen. Die Deko erst kurz vor dem Servieren zufügen.

Kokosschaum mit gebackener Ananas

Für 6 Gläschen

FÜR DIE ANANAS

1 mittelgroße Ananas
20 g Butter
50 g Zucker
Saft von 1 Limette

FÜR DEN KOKOSSCHAUM

3 Blatt Gelatine
30 g Kokosraspel
200 ml Kokoscreme
80 ml Kokossirup (z. B. von Monin)
3 cl weißer Rum
2 Päckchen Vanillezucker
Saft von ½ Limette

FÜR DIE DEKO

Zitronenmelisse

1. Die Ananas schälen, das holzige Mittelstück entfernen und die Frucht in kleine Scheibchen schneiden, es sollten ungefähr 400 g werden.
2. Butter und Zucker in eine Pfanne geben und langsam, ohne zu rühren, hellbraun karamellisieren. Die Ananasstücke dazugeben und unter Rühren ca. 5 Minuten dünsten, bis die Flüssigkeit fast verdunstet ist. In eine Schüssel geben, den Limettensaft unterrühren und erkalten lassen.
3. Die Gelatine 5–10 Minuten in kaltem Wasser einweichen. Unterdessen die Kokosraspel in einer Pfanne ohne Fett leicht anrösten, sie sollen dabei hell bleiben. Auf einen Teller geben und zur Seite stellen.
4. Kokoscreme, Kokossirup, weißen Rum und Vanillezucker mit dem Handrührgerät gut verrühren. Den Saft der Limette erhitzen und die ausgedrückten Gelatineblätter darin auflösen. 2 EL von der Kokosmasse in die Gelatine rühren, dann die Gelatine in die restliche Kokoscreme geben und gut untermischen. Die erkalteten Kokosraspel vorsichtig unterrühren und die Masse kalt stellen.
5. Wenn die Kokoscreme anfängt fest zu werden, die Gläser ungefähr ein Drittel hoch mit Ananas füllen, darauf den Kokosschaum geben und zum Schluss noch mit ein paar Ananasstückchen verzieren.

SCHWIERIGKEITSGRAD mittel
ZEITAUFWAND geht schnell
VORBEREITUNG gut, kann einen Tag vorher zubereitet werden

Mangomousse mit karamellisierten Kokosraspeln

Für 12 bis 15 Gläschen

FÜR DIE MOUSSE
2 Blatt Gelatine
2 große, reife Mangos
50 g Zucker
2 Päckchen Vanillezucker
Saft von ½ Zitrone
300 g Sahne

FÜR DEN MANGOSPIEGEL
2 Blatt Gelatine
250 ml Mangosaft
25 g Zucker
1 Päckchen Vanillezucker
Saft von ½ Zitrone

FÜR DIE DEKO
1 EL Butter
20 g Zucker
1 Päckchen Vanillezucker
30 g Kokosraspel
Kokoschips
Zitronenmelisse
Puderzucker
evtl. kandierte Veilchen

1. Für die Mousse die 2 Blatt Gelatine 5–10 Minuten in kaltem Wasser einweichen. Die Mangos schälen, vom Kern befreien und mit Zucker und Vanillezucker fein pürieren.

2. Den Zitronensaft in einem kleinen Topf erwärmen und die ausgedrückte Gelatine darin auflösen. 2 EL vom Mangopüree mit der Gelatine verrühren und dann die Gelatine in das restliche Mangopüree geben und mit einem Schneebesen sehr gut verrühren.

3. Die Sahne steif schlagen und vorsichtig mit einem Schneebesen unter die Mangomasse ziehen. Zur Seite stellen.

4. Für den Mangospiegel 2 Blatt Gelatine 5–10 Minuten in kaltem Wasser einweichen. Mangosaft mit Zucker und Vanillezucker mischen. Den Zitronensaft in einem kleinen Topf erwärmen und die ausgedrückte Gelatine darin auflösen. 2 EL Mangosaft in die Gelatine geben und verrühren, dann die Gelatine in den übrigen Mangosaft gut einrühren. Zur Seite stellen.

5. Butter und Zucker in einer Pfanne schmelzen, die Kokosraspel hinzugeben und unter ständigem Rühren karamellieren. Wenn sie hellbraun sind, in eine Schüssel geben und kalt stellen.

6. Die Gläschen mit Mangocreme füllen und darauf einen Spiegel Mangosaft geben – der wird zu Gelee. Im Kühlschrank mindestens 4 Stunden ruhen lassen. Vor dem Servieren mit karamellisierten Kokosraspeln bestreuen. Nach Belieben mit Kokoschips, Melisseblättchen, einem Hauch Puderzucker oder kandierten Veilchen servieren.

SCHWIERIGKEITSGRAD mittel
ZEITAUFWAND braucht etwas Zeit, Kühlzeit mindestens 4 Stunden
VORBEREITUNG gut, kann einen Tag vorher zubereitet werden, die Kokosraspel aber erst kurz vor dem Servieren aufstreuen

Orangenschmand mit Cointreau

Für 10 bis 12 Gläschen

FÜR DEN SCHMAND
2 Blatt Gelatine
4 Orangen
50 g + 1 EL Zucker
200 g Schmand
1 Päckchen Orangenzucker
20 ml Cointreau

FÜR DIE DEKO
Orangenfilets
Orangenzesten
Orangeat
Pistazien

1. Die Gelatine 5–10 Minuten in kaltem Wasser einweichen. Die Orangen schälen und filetieren: die Haut zwischen und rund um die einzelnen Orangenspalten mit einem scharfen Messer entfernen. Dabei den Saft auffangen (es sollten ungefähr 100 ml sein).

2. 50 g Zucker in einer Pfanne schmelzen, leicht bräunen lassen und die Orangenfilets (eventuell nochmal halbieren) darin karamellisieren lassen, dann kalt stellen.

3. Schmand, Orangensaft, Orangenzucker und 1 EL Zucker miteinander verrühren. Den Cointreau erhitzen und die Gelatineblätter darin auflösen. 2 EL vom Schmand zur aufgelösten Gelatine geben, dann die Gelatine in die restliche Schmandmasse rühren. Kühl stellen.

4. Sobald der Orangenschmand anfängt, fest zu werden und die Orangenfilets abgekühlt sind, werden die Gläschen gefüllt: Zuerst mit ein paar Orangenfilets, darauf den Orangenschmand. Kühl stellen. Als Deko kann man Orangenstückchen und -schale, Orangeat und Pistazien nehmen.

SCHWIERIGKEITSGRAD mittel
ZEITAUFWAND geht schnell (ohne Abkühlzeiten)
VORBEREITUNG gut, kann einen Tag vorher zubereitet werden

Vanillecreme mit Erdbeeren

Dieses Rezept habe ich von einer rumänischen Freundin. Die Vanillecreme kann auch für ein feines Eierlikördessert verwendet werden: Einfach mit Eierlikör marmorieren und in kleinen Gläschen anbieten.

Für 15 bis 20 Gläschen

FÜR DIE CREME
40 g Speisestärke
4 Päckchen Vanillezucker
½ l Milch
140 g Zucker
6 Eigelb
400 g Sahne

FÜR DIE FRÜCHTE
500 g Erdbeeren
2 EL Zucker
½ Päckchen Zitronenzucker
(z.B. von Ruf)

FÜR DIE DEKO
Zitronenmelisse
evtl. Fondant

1. Speisestärke und Vanillezucker mischen und mit 4 EL von der Milch klümpchenfrei verrühren. Zucker und Eigelb mit einem Handrührgerät schaumig schlagen.

2. Die restliche Milch zum Kochen bringen, die Zucker-Eimasse unterrühren und sofort die angerührte Speisestärke mit dem Schneebesen in die kochende Eiermilch geben. Die Masse ca. 1 Minute unter ständigem Rühren kochen lassen, durch ein Sieb streichen und in eine Schüssel geben. Mit Folie abdecken und erkalten lassen.

3. Die Sahne steif schlagen. Die erkaltete Vanillecreme aufschlagen und mit der Schlagsahne mischen.

4. Die Erdbeeren in kleine Stückchen schneiden (ein paar Erdbeeren für die Deko aufheben), mit Zucker und Zitronenzucker mischen und 10 Minuten ziehen lassen.

5. Schichtweise Creme, Erdbeeren und Creme in die Gläser füllen und im Kühlschrank mindestens 2 Stunden ruhen lassen. Mit Erdbeeren, Zitronenmelisse und ausgestochenen Fondantfiguren dekorieren.

SCHWIERIGKEITSGRAD mittel
ZEITAUFWAND ca. 1 Stunde, plus mindestens 2 Stunden Kühlzeit
VORBEREITUNG gut, die Vanillecreme einen Tag vorher kochen und vor der Weiterverarbeitung gut durchrühren

Kirschtörtchen

Das Kirschtörtchen ist die kleine Schwester der klassischen Schwarzwälder Torte. Ein Genuss für alle, die kleine Portionen lieben.

Ca. 8 Gläschen

FÜR DEN BISKUIT
2 Eiweiß, Größe M
4 Eigelb, Größe M
100 g Zucker
30 g Mehl
10 g Kakao
10 g Speisestärke

FÜR DIE KIRSCHEN
1 Glas Sauerkirschen, ca. 700 g Abtropfgewicht
1 Päckchen roter Tortenguss
2 EL Zucker
2 cl Kirschwasser (1 Schnapsglas)

FÜR DIE CREME
250 g Schlagsahne
125 g Mascarpone
2 Päckchen Vanillezucker
40 g Zucker
4 cl Kirschwasser (2 Schnapsgläser)

FÜR DIE DEKO
Sahne
Kirschen
Schokoraspel

1 Den Backofen auf 200 °C vorheizen, ein Backblech mit Backpapier auslegen. Für den Biskuit Eiweiß steif schlagen und zur Seite stellen. Eigelb mit Zucker schaumig rühren, bis sich der Zucker aufgelöst hat. Den Eischnee mit einem Schneebesen vorsichtig unter das Eigelb heben.

2 Mehl, Speisestärke und Kakao mischen, auf die Eimasse sieben und vorsichtig unterheben, nicht rühren! Den Teig ungefähr 2 cm dick auf das mit Backpapier belegte Backblech streichen (ergibt je nach Blechgröße ein halbes Blech) und im vorgeheizten Backofen ca. 10 Minuten backen. Herausnehmen und erkalten lassen.

3 Die Sauerkirschen in einem Sieb abtropfen lassen, den Saft abfangen. Von diesem Saft ¼ l abnehmen und mit 2 cl Kirschwasser und 2 EL Zucker den Tortenguss nach Anweisung zubereiten. Die abgetropften Kirschen (evtl. ein paar für die Deko zur Seite legen) in den heißen Tortenguss rühren und erkalten lassen.

4 Die Sahne steif schlagen und zur Seite stellen. Mascarpone, Vanillezucker, Zucker und 3 cl Kirschwasser glatt rühren und mit dem Schneebesen unter die Sahne heben (ein wenig Schlagsahne für die Deko aufbewahren).

5 Aus dem erkalteten Biskuit ca. 16 Scheiben mit dem Partyglas ausstechen und mit dem restlichen Kirschwasser beträufeln. Die Gläschen schichtweise mit Creme, Biskuit, ein paar Kirschen, Creme, Biskuit, Kirschen und Creme füllen. Im Kühlschrank über Nacht durchziehen lassen.

6 Vor dem Servieren mit einer Spritztülle Sahnetupfer auf die Gläschen setzen, darauf eine Kirsche und die Schokoraspel geben.

SCHWIERIGKEITSGRAD mittel
ZEITAUFWAND braucht etwas Zeit, Ziehzeit: über Nacht
VORBEREITUNG sollte einen Tag vorher zubereitet werden, aber erst kurz vor dem Servieren dekorieren

Apfel-Tiramisu

Selbstgekochtes Apfelmus muss gut püriert werden. Eventuell durch ein Sieb streichen, damit keine Apfelstückchen mehr vorhanden sind.

Für 12 bis 15 Gläschen

FÜR DEN BISKUIT
- 15 g Butter
- 2 Eier, Größe M
- 50 g feiner Backzucker
- 50 g Mehl

FÜR DIE CREME
- 6 Blatt Gelatine
- 4 Eigelb, Größe M
- 150 g Zucker
- 500 g Apfelmus
- 50 ml Calvados
- 500 g Sahne

ZUM TRÄNKEN
- 100 ml Apfelsaft
- 40 ml Calvados

FÜR DIE DEKO
- Babyäpfel aus der Dose
- Zitronenmelisse

1 Den Backofen auf 180 °C Heißluft vorheizen, ein Backblech mit Backpapier auslegen. Für den Biskuit die Butter schmelzen und abkühlen lassen. Die Eier trennen. Eiweiß steif schlagen und zur Seite stellen. Eigelb mit Zucker cremig aufschlagen, bis sich der Zucker aufgelöst hat. Den Eischnee unter die Eigelbmasse ziehen.

2 Das Mehl auf die Eimasse sieben und zusammen mit der flüssigen Butter vorsichtig unterheben. Den Teig ca. 1 cm dick auf das mit Backpapier belegte Backblech streichen und ca. 8–10 Minuten backen. Herausnehmen und erkalten lassen.

3 Die Gelatine in kaltem Wasser 5–10 Minuten einweichen. Eigelb mit Zucker cremig aufschlagen, bis sich der Zucker aufgelöst hat. Das Apfelmus hinzufügen und über Wasserdampf cremig rühren. Die ausgedrückten Gelatineblätter einzeln in der warmen Apfelmusmasse auflösen. Den Calvados unterrühren und alles kalt stellen.

4 Die Sahne steif schlagen. Wenn die Apfelmusmasse anfängt, fest zu werden, die Sahne unterheben.

5 Apfelsaft und Calvados mischen. Aus dem Biskuit mit dem Gläschen 24–30 Scheiben ausstechen und mit der Apfelsaft-Calvados-Mischung tränken. Die Gläschen schichtweise mit Creme, Biskuit, Creme, Biskuit und Creme füllen. Im Kühlschrank über Nacht durchziehen lassen.

6 Mit Miniäpfelchen und Zitronenmelisse dekorieren. Frische Apfelspalten werden schnell braun, daher sind sie nur einsetzbar, wenn das Tiramisu sofort gegessen wird.

SCHWIERIGKEITSGRAD mittel
ZEITAUFWAND gering, der Biskuit kann vorher gebacken werden
VORBEREITUNG gut, muss mindestens einen Tag vorher zubereitet werden

Panna Cotta mit Karamellkern

Rot-weißes Weindessert

Weißbiercreme mit Schaum

Amarettotörtchen

 Griechischer Honigjoghurt

Schokopraline im Glas

Weinsoße mit Schneeklößchen

Espresso-Milchcreme

Süß und edel gewürzt

Süßer Kürbistraum

Mousse au chocolat hell-dunkel

Lebkuchenmousse

Maronenmousse mit Honig

Panna Cotta mit Karamellkern

Süße Kondensmilch ergibt gekocht eine wunderbare Karamellcreme. Ich koche die Dose mit der Kondensmilch mindestens einen oder zwei Tage vorher. Sobald die Dose abgekühlt ist, gebe ich die Karamellcreme in eine Schüssel, decke sie mit Folie ab und bewahre sie im Kühlschrank auf.

Für 10 bis 12 Gläschen

FÜR DEN KARAMELLKERN
400-g-Dose gesüßte Kondensmilch (Milchmädchen)

FÜR DIE PANNA COTTA
4 Blatt Gelatine
2 x 400 g Sahne
2 x 30 g Zucker
1 TL Bourbon Vanillepulver (gemahlene Vanille)
¼ Tonkabohne, fein gerieben

FÜR DIE DEKO
kandierte Rosenblätter oder Veilchen (Feinkost- und Delikatessenläden)
essbare Blüten
Schokoblätter
Zuckerblümchen

1. Die geschlossene Dose Kondensmilch in einem Topf mit Wasser bedecken und 2 ½ bis 3 Stunden mit aufgelegtem Deckel kochen. Aus dem Wasser nehmen und erkalten lassen. Die erkaltete Dose öffnen und den Inhalt in eine Schüssel geben.
2. 2 Blatt Gelatine 5–10 Minuten in kaltem Wasser einweichen. 400 g Sahne mit 30 g Zucker, ½ TL Vanillepulver und der Hälfte der geriebenen Tonkabohne 10 Minuten leise köcheln. Nach 10 Minuten vom Herd nehmen. Die Gelatineblätter ausdrücken und in die Sahne rühren.
3. Die Gläser bis knapp zur Hälfte mit der Panna Cotta füllen und für ca. 30 Minuten in den Kühlschrank stellen. Sobald sie fest geworden ist, eine Schicht Karamellcreme daraufgeben.
4. Wie in Schritt 2 beschrieben noch einmal eine Panna Cotta mit den restlichen Zutaten herstellen. Etwas abkühlen lassen und die Gläser damit auffüllen (die Panna Cotta muss in zwei Schritten gekocht werden, da die zweite Schicht beim Einfüllen der Gläser noch flüssig sein muss).

SCHWIERIGKEITSGRAD mittel
ZEITAUFWAND braucht wegen der Wartezeiten etwas Zeit
VORBEREITUNG gut, kann einen Tag vorher in die Gläschen gefüllt werden, aber erst vor dem Servieren dekorieren

Rot-weißes Weindessert

Ca. 8 Gläschen

FÜR DIE WEISSWEINCREME
25 g Speisestärke
1 Päckchen Vanillezucker
2 EL Zitronensaft
¼ l trockener Weißwein
80 g Zucker
2 Eigelb, Größe M
250 g Sahne

FÜR DIE ROTWEINCREME
25 g Speisestärke
1 Päckchen Vanillezucker
2 EL Zitronensaft
¼ l dunkler Rotwein
80 g Zucker
2 Eigelb, Größe M

FÜR DIE DEKO
kernlose dunkle Trauben
Eiweiß
Zucker

1. Für die Weißweincreme Speisestärke mit Vanillezucker und Zitronensaft klümpchenfrei verrühren.
2. Weißwein, Zucker und Eigelb in einem Kochtopf mit dem Schneebesen aufschlagen und zum Kochen bringen. Die angerührte Speisestärke mit dem Schneebesen gut unterrühren und noch 1 Minute köcheln lassen. Durch ein Sieb in eine Schüssel gießen und kalt stellen.
3. Die Rotweincreme ebenso herstellen und kalt stellen.
4. Die Sahne steif schlagen. Die erkaltete Weißweincreme gut durchrühren und die Hälfte der geschlagenen Sahne mit dem Schneebesen unterheben. Die erkaltete Rotweincreme ebenfalls gut durchrühren und die andere Hälfte der Schlagsahne unterheben.
5. Die Creme mit einem Spritzbeutel in Schichten oder nebeneinander in die Gläschen füllen. Die Trauben etwas mit Eiweiß anfeuchten und in den Zucker tauchen. Die Gläser damit dekorieren.

SCHWIERIGKEITSGRAD einfach
ZEITAUFWAND es braucht etwas Zeit, bis die Cremes erkaltet sind
VORBEREITUNG gut, kann ohne Deko einen Tag vorher zubereitet werden

Weißbiercreme mit Schaum

Wann immer ich die Weißbiercreme meinen Gästen serviert habe, waren besonders die Männer davon angetan. Sehr schön sehen dafür kleine Weißbiergläser in Schnapsglasgröße aus. Man kann sie in den Fanshops einiger Brauereien kaufen (z.B. bei Erdinger).

Für 10 bis 12 Gläschen

FÜR DIE CREME
- 5 Blatt Gelatine
- 4 Eigelb, Größe M
- 70 g Zucker
- ½ TL Vanillepulver (gemahlene Vanille)
- ½ l dunkles Weißbier
- 300 g Sahne
- 1 EL Zucker

1 Die Gelatine 5–10 Minuten in kaltem Wasser einweichen. Eigelb, Zucker und Vanille im Wasserbad mit dem Schneebesen hell-cremig aufschlagen. Mit dem Bier aufgießen — Vorsicht, es schäumt! — und weiter unter ständigem Rühren erhitzen, aber nicht kochen! Nacheinander die ausgedrückten Gelatineblätter einzeln unterrühren. Durch ein Sieb in eine Schüssel gießen und erkalten lassen.

2 Die Sahne mit dem Zucker steif schlagen, etwas davon für den Schaum zur Seite stellen. Sobald die Weißbiermasse anfängt, fest zu werden, die Sahne unterziehen.

3 Die Gläschen mit der Weißbiercreme füllen. Auf die Creme einen Löffel von der übrigen Schlagsahne setzen.

SCHWIERIGKEITSGRAD mittel
ZEITAUFWAND geht schnell, wenn man die Wartezeit für das Festwerden nicht mitrechnet
VORBEREITUNG gut, kann einen Tag vorher zubereitet werden, das Sahnehäubchen aber erst vor dem Servieren zugeben

Tipp

Das übrige Eiweiß einfrieren. Es kann später zum Klären von Suppen oder zum Backen von Baisers oder Makronen verwendet werden.

Amarettotörtchen

Ich serviere dieses Törtchen besonders gerne im Sommer, schön gekühlt zum Kaffee im Garten. In den Gläsern hält sich der Kuchen auch bei warmen Temperaturen länger frisch als eine „richtige" Torte.

Ca. 6 Gläschen

FÜR DEN BISKUIT
3 Eier, Größe M
30 g Butter
40 g Marzipanrohmasse
70 g feinster Backzucker
1 EL Rum
35 g Mehl
30 g Speisestärke
1 TL Kakao

FÜR DIE CREME
200 g Sahne
1 Päckchen Sahnesteif
100 g Frischkäse
60 g Crème fraîche oder Schmand
50 g Zucker
1 Päckchen Vanillezucker
3–4 EL Amaretto

FÜR DIE DEKO
Kakao

1. Den Backofen auf 200 °C Heißluft vorheizen und ein Backblech mit Backpapier auslegen. Die Eier trennen. Die Butter schmelzen und abkühlen lassen. Das Marzipan mit 40 g Zucker und dem Rum zu einer glatten Masse vermischen.

2. Die Eigelbe nach und nach mit dem Handrührgerät in die Marzipanmasse rühren, bis eine glatte, weißliche Creme entstanden ist.

3. Das Eiweiß steif schlagen und vorsichtig unter die Ei-Marzipanmasse ziehen.

4. Mehl, Speisestärke und Kakao mischen, über den Teig sieben und vorsichtig zusammen mit der flüssigen Butter unterheben. Den Teig ungefähr ½–1 cm dick auf das mit Backpapier belegte Backblech streichen und ca. 6–7 Minuten backen. Herausnehmen und abkühlen lassen.

5. Für die Creme die Sahne mit Sahnesteif steif schlagen und zur Seite stellen. Frischkäse, Crème fraîche, Zucker, Vanillezucker und 2 EL Amaretto glatt rühren. Die Sahne unterheben.

6. Aus dem erkalteten Marzipanbiskuit mit dem Gläschen ca. 12 Scheibchen ausstechen. Die Gläser schichtweise mit Creme, Biskuit, Creme, Biskuit und zuletzt mit Creme auffüllen – dabei die Biskuitscheiben immer mit etwas Amaretto beträufeln. Über Nacht im Kühlschrank durchziehen lassen. Vor dem Anrichten mit Kakao bestäuben.

SCHWIERIGKEITSGRAD mittel
ZEITAUFWAND braucht etwas Zeit, der Biskuit kann einen Tag vorher zubereitet werden
VORBEREITUNG sehr gut, muss mindestens einen Tag vorher zubereitet werden

Griechischer Honigjoghurt

Dies ist eine ganz einfache und schnelle Nachspeise, die jeder leicht zubereiten kann. Im Glas serviert und mit den karamellisierten Walnüssen wird sie aber doch zu etwas Besonderem.

Für 5 bis 6 Gläschen

FÜR DEN JOGHURT

400 g griechischer Joghurt, 10 % Fettgehalt

3 EL Honig

FÜR DIE WALNÜSSE

50 g Walnüsse

2 EL Zucker

Honig zum Beträufeln

1. Den Joghurt mit dem Honig cremig schlagen.
2. Die Walnüsse grob hacken. Den Zucker in einer Pfanne langsam und ohne Rühren schmelzen lassen. Die gehackten Walnüsse in den geschmolzenen Zucker geben und unter Rühren karamellisieren.
3. Wenn das Karamell hellbraun wird, die Nüsse sofort auf einen Teller geben und großzügig verteilen — Vorsicht, Karamell ist sehr heiß! Sobald sie erkaltet sind, mit den Händen vereinzeln.
4. Den Joghurt in die Gläschen füllen. Darauf die karamellisierten Walnüsse geben und mit ein bisschen Honig beträufeln.

SCHWIERIGKEITSGRAD leicht
ZEITAUFWAND schnell
VORBEREITUNG gut, die karamellisierten Nüsse aber erst kurz vor dem Servieren auf den Joghurt geben

Schokopraline im Glas

Ein Traum von Schokolade!

Für 15 bis 20 Gläschen

FÜR DIE WEISSE CREME
200 g weiße Schokolade
100 g Sahne
1 Messerspitze Vanillepulver (gemahlene Vanille)

FÜR DIE MITTLERE CREME
150 g Vollmilchschokolade
100 g Sahne

FÜR DIE DUNKLE CREME
100 g Bitterschokolade
100 g Sahne
1 Messerspitze geriebene Tonkabohne (Apotheke, Reformhaus)
20 g Butter, in kleine Stückchen geschnitten

FÜR DIE DEKO
Blattgold
Schokotäfelchen (z.B. Lindt hauchfein)

1. Die weiße Schokolade grob raspeln. Die Sahne mit der Vanille bis kurz vor dem Kochen erhitzen und über die geraspelte Schokolade gießen. Zu einer glatten Masse verrühren, bis sich die Schokolade ganz aufgelöst hat. Die Gläschen zu 1/3 füllen und die Schokolade ca. 1 Stunde im Kühlschrank fest werden lassen.

2. Die Vollmilchschokolade grob raspeln. Die Sahne bis kurz vor dem Kochen erhitzen und über die geraspelte Vollmilchschokolade gießen. Zu einer glatten Masse verrühren, bis sich die Schokolade ganz aufgelöst hat. Etwas abkühlen lassen und auf die feste weiße Schokolade in den Gläschen gießen. Auch die zweite Schicht wieder für ca. 1 Stunde im Kühlschrank fest werden lassen.

3. Die Bitterschokolade grob raspeln. Die Sahne mit der geriebenen Tonkabohne bis kurz vor dem Kochen erhitzen und über die geraspelte Bitterschokolade gießen. Zu einer glatten Masse verrühren, bis sich die Schokolade ganz aufgelöst hat. Die in Stückchen geschnittene Butter unterrühren. Wieder etwas abkühlen lassen und als 3. Schicht in die Gläser füllen und Im Kühlschrank aufbewahren.

SCHWIERIGKEITSGRAD mittel
ZEITAUFWAND 3 x 1 Stunde Wartezeiten, ein bisschen Geduld ist also nötig
VORBEREITUNG sehr gut, kann bis zu drei Tage vorher zubereitet werden

Weinsoße mit Schneeklößchen

Dies ist ein altes Rezept von meiner Schwiegermutter. Sobald etwas Wein übrig war, wurde Weinsoße gemacht. Ich kann mich dabei gut an diesen Satz von meinem Schwiegervater erinnern: „Ein guter Wein gibt eine gute Weinsoße".

Ca. 8 Gläschen

FÜR DIE CREME

2 Blatt weiße Gelatine
500 ml Weißwein
4 Eier, Größe M
3 Päckchen Vanillezucker
100 g Zucker

FÜR DIE SCHNEEKLÖSSCHEN

1 Eiweiß
30 g Zucker
500 ml Milch
gemahlener Zimt

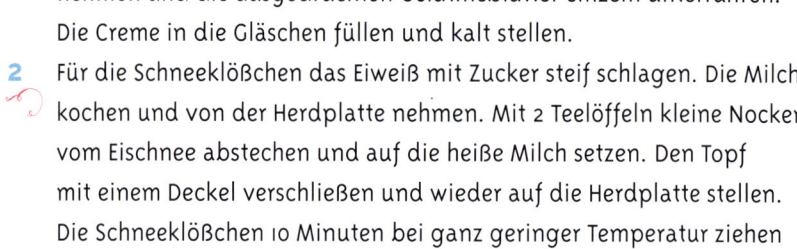

Die Gelatine ist nicht unbedingt erforderlich. Ohne sie ist die Weinsoße nur etwas flüssiger.

1. Die Gelatine 5–10 Minuten in kaltem Wasser einweichen. Wein, Eier, Vanillezucker und Zucker in einen Kochtopf geben und mit dem Schneebesen gut verrühren. Unter ständigem Rühren langsam bis kurz vor dem Siedepunkt erhitzen, aber nicht kochen! Den Topf vom Herd nehmen und die ausgedrückten Gelatineblätter einzeln unterrühren. Die Creme in die Gläschen füllen und kalt stellen.

2. Für die Schneeklößchen das Eiweiß mit Zucker steif schlagen. Die Milch kochen und von der Herdplatte nehmen. Mit 2 Teelöffeln kleine Nocken vom Eischnee abstechen und auf die heiße Milch setzen. Den Topf mit einem Deckel verschließen und wieder auf die Herdplatte stellen. Die Schneeklößchen 10 Minuten bei ganz geringer Temperatur ziehen lassen, die Milch darf nicht mehr kochen! Den Topf während dieser Zeit nicht öffnen!

3. Nach 10 Minuten die Klößchen mit einem Schaumlöffel aus der Milch nehmen und erkalten lassen. Die Schneeklößchen auf die Weinsoße setzen und mit Zimt bestäubt servieren.

SCHWIERIGKEITSGRAD mittel
ZEITAUFWAND geht schnell
VORBEREITUNG gut, einen Tag vorher zubereiten und im Kühlschrank aufbewahren

Espresso-Milchcreme

Im Sommer eiskalt serviert, übertrifft diese Creme jeden Eiskaffee.

Ca. 15 Gläschen

FÜR DIE CREME
250 g Zucker
½ TL Salz
1 l Vollmilch
1 Vanilleschote
½ TL Natron
2 Blatt Gelatine
500 g Sahne

FÜR DAS GELEE
4 Blatt Gelatine
350 ml starker Kaffee oder Espresso, frisch gebrüht
2 Päckchen Vanillezucker
2 EL Vollmilchschokolade

FÜR DIE DEKO
Johannisbeeren
Eiweiß, Zucker

Die Milchcreme kann ein paar Tage vorher zubereitet werden. Dazu muss die gekochte Milchcreme sofort in Twist-off-Gläser gefüllt und gut verschlossen und kühl aufbewahrt werden.

1 Für die Milchcreme Zucker und Salz mit der Milch in einen großen Topf geben und gut verrühren. Das Vanillemark aus der Schote kratzen und zusammen mit der Schote dazugeben und alles zum Kochen bringen. Unter ständigem Rühren mit einem Holzkochlöffel ca. 90 Minuten köcheln. Dabei immer wieder rühren, damit nichts anbrennt.

2 Die Gelatine für die Creme 5–10 Minuten in kaltem Wasser einweichen. Wenn die Zuckermilch ungefähr auf ⅓ eingekocht ist, das Natron unterrühren. Dann die ausgedrückten Gelatineblätter darin auflösen. Alles durch ein Sieb in eine Schüssel geben und erkalten lassen.

3 Für das Gelee die Gelatine 5–10 Minuten in kaltem Wasser einweichen. Den Kaffee/Espresso kochen, Vanillezucker und geriebene Schokolade darin auflösen. Dann die ausgedrückten Gelatineblätter im heißen Kaffee auflösen. Erkalten lassen, aber nicht in den Kühlschrank stellen, denn der Kaffee soll nicht gelieren.

4 Die Sahne steif schlagen und mit einem Schneebesen vorsichtig unter die erkaltete Milchcreme heben.

5 Die Gläser mit etwas Creme und einer kleinen Schicht vom flüssigen Kaffee (am besten mit einem kleinen Trichter) füllen und kalt stellen, bis der Kaffee geliert – das dauert im Gefrierschrank höchstens 10 Minuten. Nochmals Creme und darüber etwas Kaffee in die Gläschen geben und wieder kalt stellen. Wenn der Kaffee zu gelieren beginnt, die Gläser mit der restlichen Creme auffüllen. Sollte der Kaffee zum Einfüllen zu fest geworden sein, muss er nur kurz etwas erwärmt werden.

6 Die Gläser über Nacht (mindestens 4–5 Stunden) kalt stellen und zum Servieren nach Belieben dekorieren.

SCHWIERIGKEITSGRAD mittel
ZEITAUFWAND braucht etwas Zeit (siehe Tipp), Kühlzeit mindestens 4–5 Stunden
VORBEREITUNG sehr gut, kann – bis auf die Deko – einen Tag vorher zubereitet werden

Süßer Kürbistraum

Ca. 15 Gläschen

FÜR DIE CREME
ca. 1 kg Butternuss-Kürbis
125 g Butter
130 g Zucker
2 Päckchen Vanillezucker
½ TL Vanillepulver (gemahlene Vanille)
1 EL Honig
2 Stangen Zimt
5 Eier, Größe M
1 Prise Salz
500 g Sahne
3 EL Zucker

FÜR DIE KERNE
3 EL Zucker
100 g Kürbiskerne
gemahlener Zimt

FÜR DIE DEKO
Puderzucker

Tipp

Die fertige Kürbismasse kann mehrere Tage vorher gekocht werden, wenn sie sofort, noch heiß, in Twist-off-Gläser gefüllt und gut verschlossen wird. Kühl aufbewahren.

1 Den Kürbis vierteln, entkernen, mit einem Sparschäler schälen und in kleine Stückchen schneiden. Zur Seite stellen.

2 Butter, Zucker, Vanillezucker, Vanillepulver und Honig in einen großen Topf geben und erhitzen, bis die Butter flüssig ist. Die Kürbisstückchen und die Zimtstangen dazugeben und alles gut umrühren. Unter ständigem Rühren langsam einkochen lassen, bis der Kürbis weich und die Flüssigkeit fast ganz verdampft ist (je kleiner die Kürbisstücke sind, umso schneller ist der Kürbis weich). Die Zimtstangen entfernen, die Kürbismasse pürieren und durch ein Sieb passieren. Erkalten lassen.

3 Die Eier trennen. Eiweiß mit einer Prise Salz steif schlagen und zur Seite stellen. Die Sahne ebenfalls steif schlagen und zur Seite stellen.

4 Eigelbe und Zucker in einer großen Schüssel über dem Wasserbad mit dem Schneebesen cremig hellgelb schlagen. Die Schüssel vom Wasserbad nehmen und die Kürbismasse hinzugeben. Alles gut mischen. ⅓ vom Eischnee unterrühren. Den restlichen Eischnee mit dem Schneebesen vorsichtig unterheben. Zum Schluss die geschlagene Sahne unterheben.

5 Für die Kürbiskerne den Zucker in einer Pfanne gleichmäßig verteilen und bei mittlerer Temperatur ohne Rühren schmelzen lassen. Die Kürbiskerne hinzugeben. Etwas Zimtpulver darüberstreuen, alles gut vermischen und hellbraun karamellisieren lassen – Vorsicht, Karamell ist sehr heiß! Sofort auf einem eingeölten Porzellanteller großzügig verteilen. Wenn die Kürbiskerne kalt sind, vereinzeln.

6 Die Kürbiscreme in die Gläser füllen, mit den karamellisierten Kürbiskernen bestreuen und mit Puderzucker leicht bestäuben.

SCHWIERIGKEITSGRAD mittel
ZEITAUFWAND geht schnell, wenn die Kürbismasse vorher gekocht wurde (siehe Tipp)
VORBEREITUNG gut, kann einen Tag vorher zubereitet werden, die Kürbiskerne aber erst vor dem Servieren aufs Dessert geben

Mousse au chocolat hell-dunkel

Ca. 15 Gläschen

FÜR DIE HELLE MOUSSE

2 Blatt Gelatine
250 g Sahne
100 g weiße Schokolade
2 Eier, Größe M
50 g Zucker
1 EL weißer Rum

FÜR DIE DUNKLE MOUSSE

200 g Zartbitterschokolade
2 Eier, Größe M
200 g Sahne
30 g Zucker

FÜR DIE DEKO

Schokospäne, -röllchen

Die weiße Mousse braucht Gelatine, da weiße Schokolade viel Kakaobutter enthält und die Mousse sonst nicht fest wird. Dunkle Schokolade wird ohne Gelatine fest. Also unbedingt die unterschiedlichen Zubereitungsarten beachten.

1. Die Gelatine 5–10 Minuten in kaltem Wasser einweichen. 50 g von der Sahne erhitzen und die zerkleinerte weiße Schokolade unter Rühren darin auflösen. Die ausgedrückten Gelatineblätter in der warmen Schokoladensahne auflösen.

2. Die Eier trennen. Eiweiß steif schlagen und zur Seite stellen. Die restliche Sahne steif schlagen und ebenfalls zur Seite stellen.

3. Eigelb und Zucker in einer Schüssel über einem Wasserbad cremig, hellgelb aufschlagen, bis der Zucker aufgelöst ist. Rum und die helle Mousse unterrühren. Alles in eine Schüssel geben und etwas abkühlen lassen. Sobald die Schokoladenmasse abgekühlt ist, erst den Eischnee, dann die Sahne vorsichtig unterheben und kalt stellen.

4. Die zerkleinerte Zartbitterschokolade in einer Schüssel über einem Wasserbad unter Rühren schmelzen. Die Eier trennen. Eiweiß steif schlagen und zur Seite stellen. Die Sahne steif schlagen und ebenfalls zur Seite stellen.

5. Eigelb und Zucker ca. 3 Minuten mit dem Handrührgerät cremig, hellgelb aufschlagen, bis der Zucker sich aufgelöst hat. Die geschmolzene Zartbitterschokolade unter die Eiermasse rühren. Dann den Eischnee und zum Schluss die Sahne unterheben. Kalt stellen.

6. Wenn die Mousses anfangen fest zu werden, schichtweise in Gläser füllen. Mit Schokospäne und -röllchen dekorieren.

SCHWIERIGKEITSGRAD mittel
ZEITAUFWAND braucht etwas Zeit
VORBEREITUNG gut, kann ohne Deko mindestens einen Tag vorher zubereitet werden

Lebkuchenmousse

Diese Lebkuchenmousse mit Aprikosensirup, Nüssen, Mandeln und Orangeat ist etwas ganz Besonderes und passt wunderbar in die Adventszeit.

Für 8 bis 10 Gläschen

FÜR DIE MOUSSE
2 Blatt Gelatine
120 ml Milch
40 g Honig
30 g Orangeat und Zitronat, gemischt
2 TL Lebkuchengewürz
4 Eigelb, Größe M
20 g Zucker
30 g Mandeln und Haselnüsse, gemischt
200 g Sahne
1 EL Rum

FÜR DIE KUCHENSCHICHT
Aprikosensirup (z.B. von Monin)
4 Lebkuchen ohne Schokoladenüberzug
2 EL Rum

1 Die Gelatine 5–10 Minuten in kaltem Wasser einweichen. Milch und Honig erhitzen. Orangeat und Zitronat in ganz kleine Würfelchen schneiden und zusammen mit dem Lebkuchengewürz in die heiße Honigmilch geben. Zur Seite stellen.

2 Eigelb mit Zucker schaumig hellgelb aufschlagen und unter die warme Honigmilch rühren. Alles nochmal erhitzen (nicht kochen!), bis eine dickflüssige Masse entstanden ist. Die Gelatineblätter ausdrücken und einzeln unter die warme Creme rühren.

3 Nüsse und Mandeln ganz klein hacken und in einer Pfanne ohne Fett anrösten. Abkühlen lassen.

4 Die Sahne steif schlagen und zusammen mit den gehackten Nüssen und dem Rum vorsichtig unter die Lebkuchencreme heben.

5 Die Lebkuchen wie ein Brötchen halbieren, sie sind sonst zu dick, und 8–10 Scheiben in Gläschengröße ausstechen. Den Aprikosensirup in einen tiefen Teller gießen und mit dem Rum mischen.

6 Die Gläschen zu 1/3 mit Creme füllen. Eine Scheibe Lebkuchen durch den Sirup ziehen und auf die Creme legen. Die Gläser mit der restlichen Creme auffüllen und über Nacht im Kühlschrank durchziehen lassen. Vor dem Servieren mit ausgestochenen Lebkuchenherzen, die mit Zuckerschrift verziert werden, dekorieren.

SCHWIERIGKEITSGRAD mittel
ZEITAUFWAND braucht etwas Zeit
VORBEREITUNG gut, sollte einen Tag vorher zubereitet werden

Maronenmousse mit Honig

Ca. 10 Gläschen

FÜR DIE CREME
400 g vorgekochte Kastanien (gibt es vakuumiert zu kaufen)
450 ml Milch
2 EL Honig
½ TL Vanillepulver (gemahlene Vanille)

FÜR DIE SAHNE
400 g Sahne
1 Päckchen Sahnesteif
40 g Zucker

FÜR DIE DEKO
Puderzucker
evtl. kandierte Kastanien (Feinkostladen)

1. Die Kastanien mit Milch, Honig und Vanillepulver 40 Minuten köcheln. Wenn die Kastanien weich sind, 6–8 Stück (je nach Größe) aus der Milch nehmen, mit Küchenkrepp abtrocknen und noch heiß durch eine Kartoffelpresse drücken und für die Deko zur Seite stellen. Die restlichen Kastanien zusammen mit der noch heißen Milch mit einem Stabmixer pürieren und durch ein Sieb in eine Schüssel passieren. Erkalten lassen.
2. Die Sahne mit Sahnesteif und Zucker steif schlagen. ¼ der Schlagsahne zur Seite stellen. Die restliche Sahne mit dem Schneebesen unter das erkaltete Kastanienpüree ziehen.
3. Die Gläser schichtweise mit Kastanienmousse, einer dünnen Schicht Sahne und wieder mit Kastanienmousse füllen. Mit den durchgepressten Kastanien bestreuen. Mindestens 3 Stunden kalt stellen oder über Nacht im Kühlschrank aufbewahren.
4. Wer mag, dekoriert die Gläschen noch mit ½ kandierten Kastanie und bestäubt die Mousse kurz vor dem Servieren mit etwas Puderzucker.

SCHWIERIGKEITSGRAD mittel
ZEITAUFWAND ca. 1 ½ Stunden ohne Wartezeiten, Kühlzeit mindestens 3 Stunden oder über Nacht
VORBEREITUNG gut, kann einen Tag vorher zubereitet werden

Lauchsalat mit Apfel und Gurke

Mozzarella-Tomate mit Pesto

Zucchiniröllchen mit Schafskäse

Ziegenfrischkäsemousse mit Feigenchutney

Lachsmousse mit Forellenkaviar

Rheinischer Kartoffelsalat

Roter Linsensalat mit Bacon

Gemüsesticks mit Quarkdip

Brillant pikant

Krebsfleisch in Cognac-Cocktail

Kalbssülzchen mit Meerrettichsahne

Gorgonzola mit Birnenchutney

Avocado-Schaum mit Tomatengelee

Lauchsalat mit Apfel und Gurke

Ca. 15 Gläschen

FÜR DEN SALAT

1 Stange Lauch
1 ½ Gurken
3 Äpfel (Delicious), mittelgroß
1 kleines Glas (250 ml) Miracel Whip

FÜR DIE DEKO

1 Granatapfel

1. Von der Lauchstange den oberen, grünen und harten Teil großzügig abschneiden und weg legen (kann als Suppengrün verwendet werden). Den hellen, zarten unteren Teil längs halbieren, gut waschen und in ganz kleine Würfel schneiden (ca. 2–3 mm).
2. Die Gurken schälen, längs halbieren, den inneren, weichen Teil entfernen und den festen Teil ebenfalls in sehr kleine Würfelchen schneiden (ca. 2–3 mm).
3. Die Äpfel schälen, entkernen und in sehr kleine Würfelchen (2–3 mm) schneiden.
4. Lauch, Gurke und Apfel in einer Schüssel gut mit Miracel Whip mischen, abdecken und im Kühlschrank (am besten über Nacht) durchziehen lassen.
5. Den Granatapfel halbieren und die Kerne mit Hilfe eines Löffels aus der Frucht klopfen (so fallen die Kerne einfach und unbeschädigt heraus). Den Salat in Gläschen füllen und mit den Granatapfelkernen dekorieren.

SCHWIERIGKEITSGRAD ganz einfach
ZEITAUFWAND schnell, Ziehzeit über Nacht
VORBEREITUNG gut, sollte einen Tag vorher zubereitet werden

Mozzarella-Tomate mit Pesto

Verschiedene Pestos auf warmes, geröstetes Bauernbrot gestrichen können gut als Vorspeise zu Wein oder Bier gereicht werden — ein Genuss! Ich habe immer Pesto auf Vorrat. In Twist-off-Gläser gefüllt und mit Olivenöl bedeckt, hält es sich im Kühlschrank mehrere Monate. Natürlich können Sie auch gute gekaufte Pestos verwenden.

Ca. 8 Gläschen

FÜR DAS PESTO
- 100 g frische Bärlauchblätter
- 120 g Mandelblättchen
- 100 g Parmesankäse
- ca. 125 g Olivenöl
- 1 gestrichener TL Salz
- Pfeffer

FÜR DEN SALAT
- 20 Mini-Mozzarella
- 24 Cherry- oder Datteltomaten

FÜR DIE DEKO
- Basilikumblätter

1. Für das Pesto die Bärlauchblätter waschen und gut trocken tupfen. Die Mandelblättchen in einer Pfanne ohne Fett leicht anrösten und abkühlen lassen. Den Parmesan reiben.
2. Bärlauch, Mandeln und Olivenöl in einem hohen Gefäß mit dem Stabmixer pürieren. Nach und nach den geriebenen Parmesan hinzufügen. Mit Salz und Pfeffer abschmecken. Es soll eine sämige, cremige Paste sein. Eventuell noch ein wenig Olivenöl hinzufügen.
3. Mozzarellakugeln und Tomaten halbieren. Jeweils 5 Mozzarella- und 6 Tomatenhälften in die Gläschen geben. Dazwischen das Pesto in kleinen Klecksen verteilen. Mit Basilikum servieren.

SCHWIERIGKEITSGRAD ganz einfach
ZEITAUFWAND geht blitzschnell, wenn das Pesto fertig ist
VORBEREITUNG kurz vor dem Servieren

Tipp

Anstelle von Bärlauch kann man, je nach Jahreszeit, frischen Rucola oder frischen Basilikum nehmen. Bei Rucola oder Basilikum sollte noch eine gehackte Knoblauchzehe mit püriert werden. Statt Mandeln kann man gehackte Walnüsse, Pinienkerne oder Macadamianüsse verwenden.

Zucchiniröllchen mit Schafskäse

Für 10 bis 13 Gläschen

FÜR DIE RÖLLCHEN
2 mittelgroße, gerade Zucchini
400 g Feta-Käse
1 TL italienische Gewürzmischung
 (Aglio-Olio-Peperoncino)
3 EL Olivenöl

FÜR DIE DEKO
Schnittlauch
Zitronenspalten

1. Die Zucchini waschen und mit einem Sparschäler der Länge nach in dünne Scheiben schneiden, es sollten ungefähr 30 bis 35 Scheiben werden.
2. Den Feta abtropfen lassen und in so viele Würfel schneiden, wie Zucchinischeiben vorhanden sind.
3. Den Backofen auf 160 °C Heißluft vorheizen. Jeden Fetawürfel mit einer Zucchinischeibe umwickeln und diese Röllchen dicht an dicht in eine feuerfeste Form setzen.
4. Jedes Röllchen mit etwas italienischem Gewürz bestreuen und mit Olivenöl beträufeln, dann ca. 20–25 Minuten backen.
5. Je 3 Röllchen in ein Gläschen geben, mit Schnittlauch (oder kleinen Peperoni) und Zitronenspalten dekorieren und lauwarm servieren.

SCHWIERIGKEITSGRAD einfach
ZEITAUFWAND wenig
VORBEREITUNG gut, sollte aber lauwarm serviert werden
(eventuell kurz in die Mikrowelle geben)

Ziegenfrischkäsemousse mit Feigenchutney

Ca. 10 Gläschen

FÜR DAS CHUTNEY
7 Softfeigen
7–10 Rosmarinnadeln
1 EL brauner Zucker
200 ml trockener Sherry
½ TL frisch geriebener Ingwer
1 Prise Chili
3–4 EL dunkler, alter Balsamico

FÜR DIE MOUSSE
100 g Sahne
300 g Ziegenfrischkäse
Salz, weißer Pfeffer

FÜR DIE DEKO
frische Feigen
Rosmarin
Chilihonig (Feinkostladen)

1. Die Feigen in kleine Würfel schneiden. Die Rosmarinnadeln klein hacken. Den Zucker im Topf karamellisieren lassen, die Feigen zugeben, umrühren und sofort mit dem Sherry ablöschen. Rosmarin, Ingwer und Chili hinzufügen, umrühren und 30 Minuten auf kleiner Stufe ohne Deckel köcheln lassen. Wenn die Flüssigkeit fast verkocht ist, den Balsamico dazugeben und alles mit dem Stabmixer pürieren. Das Chutney sofort heiß in kleine Twist-off-Gläserr füllen und fest verschließen.
2. Für die Mousse die Sahne steif schlagen und den Frischkäse unterrühren. Es muss eine cremige Masse entstehen. Mit Salz und Pfeffer abschmecken.
3. Die Gläschen schichtweise mit Frischkäse, Chutney, Frischkäse, Chutney und Frischkäse füllen — das Chutney jeweils mit ein paar Tropfen Chilihonig beträufeln.
4. Für die Deko Scheibchen von einer frischen Feige mit ein paar Tropfen Chilihonig beträufeln und mit einem Zweig Rosmarin auf die Partygläser legen. Hierzu reiche ich Cracker, Grissini oder Nachos.

SCHWIERIGKEITSGRAD einfach
ZEITAUFWAND ganz schnell, wenn das Chutney fertig ist
VORBEREITUNG gut, das Chutney vorher zubereiten

Tipp

Das Chutney kann auf Vorrat gekocht werden. Es hält sich wochenlang im ungeöffneten Glas.

Lachsmousse mit Forellenkaviar

Diese Mousse, mit frisch geröstetem Toastbrot serviert, ist eine elegante, feine Vorspeise.

Für 10 bis 12 Gläschen

FÜR DIE MOUSSE
2 Blatt Gelatine
300 g geräucherter Lachs
Salz
2 EL Zitronensaft
½ Bund Dill
200 g Sahne

FÜR DEN KAVIAR
150 g Forellenkaviar

FÜR DIE DEKO
5–6 Wachteleier
Forellenkaviar
Dill

1. Die Gelatine 5–10 Minuten in kaltem Wasser einweichen. Den Lachs mit einem Pürierstab fein pürieren und mit etwas Salz abschmecken. Die Gelatine ausdrücken und mit dem Zitronensaft erwärmen, bis sie sich aufgelöst hat. Den Dill fein hacken.
2. Die aufgelöste Gelatine unter den pürierten Lachs rühren und den klein gehackten Dill dazugeben. Die Sahne steif schlagen und gut mit der Lachsmasse vermischen.
3. Die Wachteleier in kaltem Wasser aufsetzen und 4 Minuten kochen. Pellen und halbieren.
4. Schichtweise Lachsmousse, Forellenkaviar und Lachsmousse in die Gläser füllen. Mit Wachtelei, Forellenkaviar und Dill dekorieren.

SCHWIERIGKEITSGRAD einfach
ZEITAUFWAND geht ganz schnell
VORBEREITUNG sollte am gleichen Tag verzehrt werden, kann aber ohne Deko ein paar Stunden im Kühlschrank gelagert werden

Rheinischer Kartoffelsalat

Ich reiche die Gläschen bei Kinderfesten. Kinder lieben die kleinen bunten Spieße.

Für 10 bis 12 Gläschen

FÜR DEN SALAT

- 800 g festkochende Kartoffeln
- ½ l heiße Gemüsebrühe, kräftig abgeschmeckt
- 2 Gewürzgurken
- ½ kleines Glas (125 ml) Miracel Whip
- 2 EL weißer Balsamico
- Salz, Pfeffer

FÜR DIE FRIKADELLEN

- 150 g Rinderhack
- 50 g Brät (gibt's beim Metzger)
- 1 TL scharfer Senf
- 1 Ei
- ½ TL italienische Gewürzmischung (Aglio-Olio-Peperoncino)
- Semmelbrösel
- 2 EL Öl

FÜR DIE SPIESSE

- 5–6 kleine Cocktailtomaten
- 10–12 Mini-Würstchen (Glas)
- 5–6 Cornichons

1. Die Kartoffeln kochen, pellen, in kleine Scheiben schneiden und mit der heißen Brühe übergießen. Wenn die Kartoffeln in der Brühe kalt geworden sind, die Brühe abgießen. Die Gewürzgurken sehr klein würfeln.
2. Miracel Whip, Balsamico und die Gewürzgurkenwürfel miteinander verrühren und mit den Kartoffeln mischen. Wenn nötig, mit Salz und Pfeffer abschmecken. Den fertigen Kartoffelsalat in die Gläschen geben.
3. Hackfleisch und Brät mit Senf, Ei, Pfeffer, Salz und Gewürzmischung gut verkneten, zu 10–12 kleinen Bällchen formen und kurz in den Semmelbröseln wälzen. Das Öl in einer Pfanne erhitzen und die Mini-Frikadellen darin rundherum durchbraten. Zur Seite stellen.
4. Die Mini-Würstchen in einem Topf mit Wasser erwärmen, aber nicht kochen lassen (sonst platzen sie).
5. Auf 5–6 Zahnstocher je 2 Frikadellen und 1 Tomate stecken, auf die anderen je 2 Würstchen und 1 Cornichon.

SCHWIERIGKEITSGRAD einfach
ZEITAUFWAND ca. 1 Stunde ohne Wartezeiten
VORBEREITUNG sollte am gleichen Tag verzehrt werden, Frikadellen und Würstchen kurz vor dem Servieren erwärmen

Roter Linsensalat mit Bacon

Ca. 20 Gläschen

FÜR DEN SALAT

200 g getrocknete rote Linsen

1 EL Olivenöl

1 mittelgroße Zwiebel

1 Karotte

2 EL Öl

¼ l Brühe

3–4 EL Balsamico Essig

FÜR DIE DEKO

20 Scheiben Frühstücksspeck
   (Bacon)

Petersilie

Schneller geht es, wenn Sie vorgekochte Linsen aus der Dose nehmen (z.B. von Bonduelle). Diese abbrausen und wie beschrieben in die Zwiebel-Karotten-Brühe einrühren.

1. Die Linsen in einem Sieb kalt abbrausen, in einen Topf geben und mit Wasser bedeckt (ohne Salz!) ca. 10 Minuten nicht zu weich kochen, durch ein Sieb abgießen und kalt abbrausen.

2. Zwiebel und Karotte ganz klein würfeln. Das Öl in der Pfanne erhitzen, Zwiebel und Karotte darin andünsten und mit der Brühe aufgießen. 10 Minuten ohne Deckel köcheln lassen, sodass die Flüssigkeit auf ein Drittel reduziert wird. Mit Balsamico, Salz und Pfeffer abschmecken.

3. Die Pfanne vom Herd nehmen, die gekochten Linsen unterrühren und den Salat in eine Schüssel geben. Im Kühlschrank über Nacht durchziehen lassen.

4. Vor dem Anrichten den Frühstücksspeck in einer Pfanne (oder ca. 6 Minuten zwischen Küchenkrepp bei höchster Wattzahl in der Mikrowelle) kross braten und den Salat, mit Petersilie bestreut, damit servieren.

SCHWIERIGKEITSGRAD einfach
ZEITAUFWAND ca. 1 Stunde, Ziehzeit über Nacht
VORBEREITUNG gut, den Linsensalat einen Tag vorher zubereiten

Gemüsesticks mit Quarkdip

Meine Gäste sind jedes Mal von diesem frischen und leichten Snack begeistert. Besonders im Sommer ist er der Hit.

Ca. 8 Gläschen

FÜR DEN DIP
500 g Quark, 20 % Fettgehalt
200 g Sahne
1 kleine Knoblauchzehe
Chili
Salz
Pfeffer

FÜR DIE STICKS
1 rote Paprika
1 gelbe Paprika
1 Karotte
1 Chicorée
1 Zucchini

FÜR DIE DEKO
Schnittlauch
Chilipulver

1 Den Quark mit der Sahne cremig rühren. Die Knoblauchzehe schälen, durch die Knoblauchpresse drücken, zum Quark geben und mit Salz, Pfeffer und Chili kräftig abschmecken.

2 Das Gemüse putzen, waschen, trocknen und in Streifen schneiden. Den Quark in Gläschen füllen, mit Schnittlauch und Chilipulver dekorieren und das Gemüse dazu reichen.

SCHWIERIGKEITSGRAD einfach
ZEITAUFWAND schnell
VORBEREITUNG Der Dip kann einen Tag vorher zubereitet werden, muss aber vor dem Servieren gut umgerührt werden.

Tipp

Ich reiche die Sticks mit dem Dip auch gerne als Vorspeise vor einem mächtigen Hauptgericht.

Krebsfleisch im Cognac-Cocktail

Für 6 bis 8 Gläschen

FÜR DIE GARNELEN

12–16 Garnelen mit Schwanzschale
Olivenöl
½ Knoblauchzehe
Salz

FÜR DEN COCKTAIL

100 g Miracel Whip
2 ½ EL Tomatenketchup
1 TL Zitronensaft
2 EL Cognac
300 g gekochtes Flusskrebsfleisch
 (Kühlregal)

FÜR DIE DEKO

frischer Dill

1. Die Garnelen in einer Pfanne in Olivenöl anbraten. Kurz bevor sie fertig gebraten sind, den Knoblauch durch eine Knoblauchpresse in die Pfanne drücken. Alles gut umrühren, etwas salzen und zur Seite stellen.
2. Miracel Whip mit Tomatenketchup, Zitronensaft und Cognac gut verrühren. Das Flusskrebsfleisch dazugeben und vorsichtig mischen.
3. Den Cocktail in die Gläschen füllen, mit je 2 Garnelen und Dill dekorieren. Ich reiche Cracker oder Grissini dazu.

SCHWIERIGKEITSGRAD einfach
ZEITAUFWAND geht schnell
VORBEREITUNG gut, der Krebscocktail kann vorbereitet werden, die Garnelen sollten frisch gebraten werden und noch lauwarm sein

Kalbssülzchen mit Meerrettichsahne

Ca. 10 Gläschen

FÜR DIE SÜLZE
- 500 ml Brühe
- 350 g Kalbsfilet
- 1 Karotte
- 2 Gewürzgurken
- 3 Blatt weiße Gelatine
- Chili
- Salz
- Pfeffer

FÜR DIE SAHNE
- 150 g Sahne
- 80 g Meerrettich

FÜR DIE DEKO
- Petersilie

1. Die Brühe zum Kochen bringen, das Kalbsfilet hineingeben und ca. 30 Minuten darin leicht köcheln lassen. Nach 10 Minuten die Karotte hinzufügen. Die Karotte aus der Brühe nehmen, zur Seite legen. Das Fleisch in der Brühe erkalten lassen.

2. Das Fleisch aus der Brühe nehmen, trocken tupfen und in sehr kleine Würfel schneiden. Ebenso die Karotte und die Gewürzgurken sehr klein würfeln, mit dem Fleisch mischen und zur Seite stellen.

3. Die Gelatine 5–10 Minuten in kaltem Wasser einweichen. 250 ml von der Brühe erhitzen, mit Chili, Salz, Pfeffer und 2 EL Gurkenessigsud kräftig würzen. Die ausgedrückten Gelatineblätter einzeln in die heiße Brühe geben und auflösen. Die Brühe über die gewürfelte Fleischmasse gießen und gut mischen. Die Partygläschen zur Hälfte mit der Sülze füllen und kühl stellen.

4. Inzwischen die Sahne steif schlagen und den Meerrettich unterheben.

5. Sobald die Sülze etwas fest geworden ist, eine dünne Schicht Meerrettichsahne daraufgeben. Die restliche Sülze über die Meerrettichsahne geben und wieder kühl stellen.

6. Mit einer Spritztülle die restliche Meerrettichsahne auf die Sülze spritzen und mit Petersilie dekorieren. Mit kräftigem Bauernbrot servieren.

SCHWIERIGKEITSGRAD mittel
ZEITAUFWAND braucht etwas Zeit wegen der Wartezeiten
VORBEREITUNG gut, das Fleisch einen Tag vorher kochen und über Nacht in der Brühe ziehen lassen

Gorgonzola mit Birnenchutney

Bei diesem Birnenchutney lohnt es sich gleich etwas mehr zu kochen. Ich habe schon viele Chutneys probiert, aber dies ist mit Abstand das köstlichste. Es passt auch perfekt zu einer gemischten Käseplatte.

Für 10 bis 12 Gläschen

FÜR DAS CHUTNEY
1 kg Birnen
Saft von 1 Zitrone
200 g Zucker
200 g weißer Balsamico
2 EL Honig (Akazienhonig)
1 Messerspitze Chilipulver
1 TL frisch geriebener Ingwer

FÜR DEN GORGONZOLA
250 g Gorgonzola mit Mascarpone

FÜR DIE DEKO
Walnusshälften

Tipp

Das Chutney kann sehr gut auf Vorrat gekocht werden. Es sollte nach dem Kochen sofort heiß in Twist-off-Gläser gefüllt und verschlossen werden.

1. Die Birnen schälen, in kleine Stücke schneiden (1–2 cm) und mit dem Zitronensaft mischen.
2. Den Zucker in einem Topf bei mittlerer Hitze karamellisieren lassen. Wenn der Zucker hellbraun ist, mit dem Balsamico ablöschen. Den Honig hinzugeben und köcheln lassen, bis sich der Karamellzucker wieder aufgelöst hat.
3. Birnen, Chili und Ingwer in die Zuckermasse geben. Alles ca. 30 Minuten ohne Deckel langsam köcheln lassen, dabei öfter umrühren. Wenn die Flüssigkeit fast verdampft ist und die Birnenstückchen weich, aber nicht breiig sind, alles in eine Schüssel geben und kalt stellen.
4. Den Gorgonzola cremig rühren. Die Gläschen zu 1/3 mit Gorgonzola füllen, jeweils einen guten Esslöffel Birnenchutney daraufgeben und darauf wieder etwas Gorgonzola. Die Gläschen mit Birnenchutney und Walnusshälften dekorieren und mit Crackern oder Grissini servieren.

SCHWIERIGKEITSGRAD mittel
ZEITAUFWAND schnell, wenn das Chutney vorher gekocht wurde
VORBEREITUNG Das Chutney kann schon Tage vorher gekocht werden (siehe Tipp).

Avocado-Schaum mit Tomatengelee

Ca. 10 Gläschen

FÜR DAS GELEE
3 ½ Blätter rote Gelatine
½ Zwiebel
1 kg reife Tomaten
½ Bund Basilikum
1 EL Olivenöl
2 EL Tomatenmark
1 TL Italienische Gewürzmischung
 (Aglio-Olio-Peperoncino)
Salz
Pfeffer

FÜR DEN SCHAUM
4 reife Avocados
Saft von 1 Zitrone
4 kleine Knoblauchzehen
4 EL Schmand
Salz
Pfeffer

FÜR DIE DEKO
Nachos
Basilikum

1 Die Gelatine 5–10 Minuten in kaltem Wasser einweichen. Die Zwiebel klein würfeln, die Tomaten in Stücke schneiden, die Basilikumblätter abzupfen.

2 Das Öl im Topf erhitzen, die Zwiebel darin glasig dünsten, das Tomatenmark dazugeben und kurz mit anbraten. Tomatenstücke, Basilikumblätter und Gewürzmischung hinzufügen und mit geschlossenem Deckel ca. 45 Minuten köcheln. Anschließend durch ein Sieb passieren und den Saft auffangen, es sollten ungefähr 500 ml sein.

3 Die ausgedrückten Gelatineblätter einzeln in den noch warmen Tomatensaft rühren. Mit Salz und Pfeffer abschmecken, zur Seite stellen.

4 Die Avocados halbieren und das Fruchtfleisch mit einem Löffel aus der Schale nehmen. Fruchtfleisch, Zitronensaft und die durchgepressten Knoblauchzehen gut mit einem Stabmixer pürieren. Den Schmand unterrühren und mit Salz und Pfeffer abschmecken.

5 Sobald das Tomatengelee etwas fest geworden ist, die Gläser schichtweise mit Gelee, Avocado-Schaum, Gelee und Avocado-Schaum füllen. Mit Basilikum und Nachos dekorieren. Dazu reiche ich Cracker, Grissini oder Nachos.

SCHWIERIGKEITSGRAD mittel
ZEITAUFWAND braucht etwas Zeit wegen des Gelierens
VORBEREITUNG gut, kann ohne Deko einen Tag im Kühlschrank aufbewahrt werden

Rezeptregister nach Kapiteln

Süß mit feinen Früchten

Karamellisierte Calvados-Äpfel
  mit Zimthaube 12
Duett aus Him- und Brombeeren 14
Limettencreme 16
Rote Grütze mit Perlsago 18
Tante Traudls Malakoffcreme 20
Hagebutten-Pavlova 22
Karamellbananen 24
Kokosschaum mit gebackener Ananas 26
Mangomousse mit karamellisierten
  Kokosraspeln 28
Orangenschmand mit Cointreau 30
Vanillecreme mit Erdbeeren 32
Kirschtörtchen 34
Apfel-Tiramisu 36

Süß und edel gewürzt

Panna Cotta mit Karamellkern 40
Rot-weißes Weindessert 42
Weißbiercreme mit Schaum 44
Amarettotörtchen 46
Griechischer Honigjoghurt 48
Schokopraline im Glas 50
Weinsoße mit Schneeklößchen 52
Espresso-Milchcreme 54
Süßer Kürbistraum 56
Mousse au chocolat hell-dunkel 58
Lebkuchenmousse 60
Maronenmousse mit Honig 62

Brillant pikant

Lauchsalat mit Apfel und Gurke 66
Mozzarella-Tomate mit Pesto 68
Zucchiniröllchen mit Schafskäse 70
Ziegenfrischkäsemousse mit Feigenchutney 72
Lachsmousse mit Forellenkaviar 74
Rheinischer Kartoffelsalat 76
Roter Linsensalat mit Bacon 78
Gemüsesticks mit Quarkdip 80
Krebsfleisch im Cognac-Cocktail 82
Kalbssülzchen mit Meerrettichsahne 84
Gorgonzola mit Birnenchutney 86
Avocado-Schaum mit Tomatengelee 88

Alphabetisches Rezeptregister

Amarettotörtchen 46
Apfel-Tiramisu 36
Avocado-Schaum mit Tomatengelee 88

Duett aus Him- und Brombeeren 14

Espresso-Milchcreme 54

Gemüsesticks mit Quarkdip 80
Gorgonzola mit Birnenchutney 86
Griechischer Honigjoghurt 48

Hagebutten-Pavlova 22

Kalbssülzchen mit Meerrettichsahne 84
Karamellbananen 24
Karamellisierte Calvados-Äpfel mit
   Zimthaube 12
Kirschtörtchen 34
Kokosschaum mit gebackener Ananas 26
Krebsfleisch im Cognac-Cocktail 82

Lachsmousse mit Forellenkaviar 74
Lauchsalat mit Apfel und Gurke 66
Lebkuchenmousse 60
Limettencreme 16

Mangomousse mit karamellisierten
   Kokosraspeln 28
Maronenmousse mit Honig 62
Mousse au chocolat hell-dunkel 58
Mozzarella-Tomate mit Pesto 68

Orangenschmand mit Cointreau 30

Panna Cotta mit Karamellkern 40

Rheinischer Kartoffelsalat 76
Rote Grütze mit Perlsago 18
Roter Linsensalat mit Bacon 78
Rot-weißes Weindessert 42

Schokopraline im Glas 50
Süßer Kürbistraum 56

Tante Traudls Malakoffcreme 20

Vanillecreme mit Erdbeeren 32

Weinsoße mit Schneeklößchen 52
Weißbiercreme mit Schaum 44

Ziegenfrischkäsemousse mit
   Feigenchutney 72
Zucchiniröllchen mit Schafskäse 70

ISBN 978-3-572-08192-9

1. Auflage

© 2015 by Bassermann Inspiration, einem Unternehmen der Verlagsgruppe Random House GmbH, 81673 München

Die Verwertung der Texte und Bilder, auch auszugsweise, ist ohne Zustimmung des Verlags urheberrechtswidrig und strafbar. Dies gilt auch für Vervielfältigungen, Übersetzungen, Mikroverfilmung und für die Verarbeitung mit elektronischen Systemen.

Umschlaggestaltung: Atelier Versen, Bad Aibling
Gestaltung: Katharina Schweissguth, Visuelle Kommunikation, München
Herstellung: Elke Cramer
Umschlagfotos: Mona Binner, Hannover
Fotografie und Styling: Mona Binner, Hannover
Fotoassistenz: Kristina Geisel, Hannover
Foodstyling und Styling: Sarah Trenkle
Fotos auf Seite 9: Rainer Moorstedt, Bad Kohlgrub (Privatbesitz der Autorin)
Bildredaktion: Sabine Kestler
Projektleitung: Anja Halveland

Die Ratschläge in diesem Buch sind von der Autorin und vom Verlag sorgfältig erwogen und geprüft, dennoch kann eine Garantie nicht übernommen werden. Eine Haftung der Autorin bzw. des Verlags und seiner Beauftragten für Personen-, Sach- und Vermögensschäden ist ausgeschlossen.

Satz: Nadine Thiel, kreativsatz, Baldham
Reproduktion: Regg Media GmbH, München
Druck: Mohn Media Mohndruck, Gütersloh

Verlagsgruppe Random House FSC® N001967
Das für dieses Buch verwendete FSC®-zertifizierte Papier *Profimatt* liefert Sappi Ehingen.